T0193298

Para ordenar copias adicionales de este libro, contactar:
Palibrio
1-877-407-5847
www.Palibrio.com
ordenes@palibrio.com
219594

A mis padres, Mario y Tita que me dieron la vida y el amor para vivirla.

A mi esposa Jackie, mi musa eterna, mi compañera.

A mis hijos Angelia y Sebastian, mi tesoro y mi esperanza de un mundo mejor.

OM Shanti.

insomnio
y otras lunas

oscar negret

Preludio

El día no acaba, apenas le cede la luz a las palabras con las que el poeta ilumina la noche en su misterio.

Conocí al poeta que se convirtió en hombre, la noche que vi danzar sus dedos entrelazados a un lápiz sobre un papel, al que le pintaba poemas al ritmo de sus sueños.

Hoy tengo a ese hombre, mi hermano, convertido en poeta a fuerza de no parar sus dedos entrelazados a un lápiz interminable de sueños, que sigue pintando poemas al ritmo de sus experiencias sobre papeles que así atestigüan.

Ver la vida por los ojos del poeta, es conocer la extensión del amor, donde se pierden los límites y se sublima el deseo en la inagotable fidelidad, para reivindicar la aventura amorosa.

En *Insomnio y otras lunas*, nos queda el silencio y la imagen. La imagen es una creación, algo que se refugiaba en el sentimiento, es la palabra que se ha creado para nombrar lo innombrable y decir lo indecible. Cada poema y cada verso vive atado al trasegar de su creador.

La poesía que se aprende paso a paso con la historia de las cosas que le pasan a la vida, evocaciones que apuntan a la infancia, a los sueños de una revolución, a las fuentes del panteismo, al juego permanente de la fantasía; Negret primero las narra entre sonidos y silencios, como música que entretiene y enamora para luego llevarlas al verso, a la creación del poeta, hijo del poema.

Ahora son los lectores, ustedes quienes van a crearse a sí mismos al recrear el poema. La experiencia creativa se revive, solo que al contrario, el silencio y la imagen ahora despiertan al lector y le dejan ver su naturaleza transparente, su verdad.

Poeta y lectores se convierten en imagen y silencio, algo que se proyecta y se desprende de sí y va al encuentro de lo vivido.

mario negret

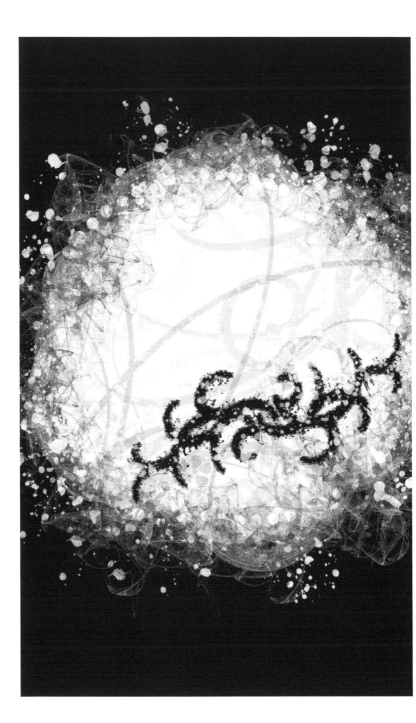

Noche

Mi tiempo es la noche
cuando el racionalismo duerme
i la paranoia del mundo se calma

entonces vienen las musas
i me visitan cortejándome

yo sólo dejo
embriagar mi cuerpo de colores
i dejo que ellas
me posean

i juntos bailamos
entre formas
rapsodias violetas
contradanzas magentas
valses azules
cumbias escarlatas

entre risas geométricas
i locuras plásticas
me voy olvidando
del mundo

entonces pintamos el silencio
conquistamos los espacios

vamos enredando
alegres las formas
festejando los colores
inventando luces
nuevos territorios
descubriendo teorías

mis manos soñando
sueños insoñados

Mi tiempo es la noche

Noche de sueños tardíos

En mis noches de sueños tardíos -el insomnio rey-
me subyuga a tu recuerdo

Tendida junto a mí
izada como una bandera en mi asta
sostenida de un vástago
que te tocaba el alma
humedecida de vida pródiga
esparcida en tu vientre
como una explosión atómica

I mis besos como juglares errantes
de pueblo en pueblo
de noche en noche
de poro en poro
dibujando tu geografía

Sin más equipaje

La tarde lenta llegaba, cada instante que venía me evocaba cada instante que pasaba

Quién pudiera acelerar el tiempo
en tu venida
quién eternizarlo
en tu abrazo
en nuestro beso pionero
de relámpagos i estrellas

Ah, tu corazón callado
palpitará en mi archipiélago
tus manos con las mías
danzarán por nuestros territorios
poblando e inaugurando
ciudades, valles, templos
i juntas amasarán el pan
que ha de honrar nuestra mesa

i sin delirio, ni agonía
tú, solo tú,
siempreviva
harás una sola sombra conmigo

E indivisibles e invencibles
habremos de irnos por el mundo
en nuestra barcarola

Sin más equipaje
que nosotros mismos
escucharemos la música
del agua pincelarse sobre
el silencio de la luna

i habremos forjado noches
como nunca se forjaron
i haremos de la realidad
ese sueño que llaman vida

i yo anclaré sin renuncia
en tu puerto
custodiando nuestro motín
brindando con vino de tus ojos
sin más equipaje
que nosotros mismos

Cierro mis ojos

Cierro mis ojos
i ven dibujada tu figura
en un mensaje de luz

Cierro mis ojos
i allí en la oscuridad
ven dibujada tu cara

Miro mil rostros
camino mil caminos
pero sólo veo tu rostro
i todos los caminos
me conducen a tí

Cumbia Sublime

Rocié el jardín de
tus amapolas i falopios
con millones
de promesas de vida

i en nuestro
encuentro subterráneo
mariposas infinitas
aletearon en tu plaza mayor
entonces sonaron
tus campanas delirantes
invitando al festejo

i toda la vida fue
ese minuto mágico
que poblo nuestros poros
enredados en esa
cumbia sublime

i fue verdad
pues tengo de testigo
tus ojos cerrados
mirando la eternidad
i en tu cara esa sonrisa plena
que tatuó mi corazón

Auto Réquiem

Mi cadáver no será
presa de arqueólogos
ni pretexto de especulaciones

Los turistas
no visitarán mi casa
con solemnidad postiza
después de mi muerte

Ni a los estudiantes
les harán aprender
de memoria mi vida

Ni los periódicos venderán
sus ejemplares
el día de mi muerte
a costa de mi vida

No serán las pompas funerales
las que atestigüen mis pasos

Ni hallarán los intelectuales
terreno propicio
para sus divagaciones
en mis quehaceres, ya hechos

Ni llorarán mis amigos
ni decretarán
minutos de silencio
ni lutos hipócritas
mis enemigos
ni las lápidas ni los sepelios
añadiran nada a mis días

Ni el tirano disfrutará
de mi agonía
ni siquiera el clero
usufrutuará de mi deceso

No será mi cuerpo, ni mi ser
bocado de depredadores
i sobreviviré a la farsa
incógnito, innombrable

Caminando

Esta tarde, crucé la calle
pendiente de los carros
viendo esconderse al sol,
transeúnte
conquistando aceras
pensándote
murmullando tus recuerdos
inventándote a mi lado
queriéndote tener
andando
pisando calzadas
soñando sueños

I de pronto
levantar la mirada
i verte surgir detrás de un árbol
como suele salir el sol
detrás de una nube

Entonces me pregunté
acaso no camino solo para encontrarte?

Allí, no muy lejos

Allí, no muy lejos, estás
yo volteo i te miro

Veo en tu rostro
el sueño que he soñado
i en mi mirada
cabalgan besos
que te cubren
como gotas de lluvia

Allí, no muy distante
entretenida i vaga
yo te miro
i miles de sueños
se agolpan en mi mente
entonces decido escribirte
este TE QUIERO.

Alegría

Hoy escuche la palabra alegría,
tus ojos la gritaron
i esas pequeñas sílabas
lisonjeras i tímidas
poblaron mi soledad
redescubrieron mis fantasías
reinventaron mis juegos,
mis ilusiones
la palabra alegría

Aprendí

Aprendí que nunca es suficiente
si lo tienes todo
mejor aún, no necesitas nada

que es mejor no pensar
lo que voy a escribir
para tener el verdadero placer
de leer i pensar en lo que escribo
que la ortografía
no inhibe mi palabra
i que la "h" es importante
porque no suena

Que encuentro la plenitud
cuando Van Gogh
pasa por mi vida en la
luz de sus "Irises"
o con el olor de su cuarto
o cuando Picasso me grita
en su "Guernica"
que es mío ahora también
o cuando Beethoven me cuenta
su angustia i su soberbia
soy pleno cuando Neruda
resucita en sus 20 poemas
entonces soy todos ellos

Trascendido i trasnochado
en el maravilloso insomnio
que es la vida

Aprendí que mis alas
son los colores
volando entre las formas
para decir algo,
para gritar mi silencio
o simplemente para pasar el rato

Aprendí que en el momento
que tengo todos los colores
sólo veo blanco i negro
que es lo mismo, pero no igual

Aprendí que añorar
es haber negado
i vivir es haber soñado

Ahora sé que Dios
también es cambio
Todo cambia, Dios es todo
Las cosas cambian i pasan
el cambio es constante
Dios permanece, Dios eterno

El hombre equivocado cree que
la muerte existe si existe cambia,
por lo tanto no es

Bendito el cambio, que es vida.
La vida esa manzana que si no la
comes, se pudre porque el futuro
que inexorablemente nunca llega

tiene como única misión,
almacenar los minutos
i su contenido
en esa bodega silente i remota
llamada pasado,
a la que sólo puedes contemplar
por la rendija del recuerdo
Come la manzana,
para que no hieda tu bodega
de "Siyohubieras"
de vinos sellados,
i soles desperdiciados
de sueños con moho,
de libros sin leer
de historias no sucedidas
de marañas suicidas,
de tardes moribundas

Muerde la manzana,
El presente es el beso enamorado
que nos da la eternidad
es la tangente que nos
permite la acción
el CAMBIO_DIOS_ETERNO

Es lo único que existe i
es bello ser parte de El, ser El
El presente es el milagro
que nos une con Dios

Dios esencia, Dios todo
sueño i realidad,
energía que promueve todo
Dios, Presente, Dios, Uno

El pasado i el futuro convergen
en el presente

No es mi sangre vano río que
fluye por mis venas,
es esencia i fuerza de vida
que pobla mi ser

No son mis recuerdos
anaqueles olvidados
ni mis porvenires
sueños inaccesibles
porque Dios es mi presente,
mi centro
i mi fortuna

I así vivo ese sueño llamado Vida,
mi vida...

Ese triunfo de la poesía
sobre la economía
del color sobre el silencio
del beso enamorado
sobre el contrato conyugal
de la simple vida sobre
los complicados teoremas.

17

Atillo de besos

Como corceles desbocados
por la risa de tus labios
un atillo de besos
te envío

Galopan masivos
pulcros i hasta combativos
incompatibles al olvido

Desparramando lluvias,
esgrimiendo nubes, distancias
arrasando silencios, puertas
venciendo montañas, tiempos

Un atillo de besos te envío
para cosechar tus labios
i beber tus besos en los míos
para embriagarnos de los dos
en la vendimia de nuestro vino

Mi mar

Te beberé a besos
remaré en las olas de tus caderas
me sumergiré como Costeau
en tus mares, amor

No habrá puerto
que nos salve
de este amor

i empapados de caricias tu i yo
enredados en aguas profundas
nos beberermos los siete mares
con esta sed que tengo de ti

19

Con estos dedos

Camuflo mis deseos de tenerte con versos que te sueñan

Con estos dedos que tactan, que sienten
que escudriñan, que pintan

Con estos dedos que inventan fábulas,
que crean espacios inhabitables

Con estos dedos que construyen horas de ocio
con estos dedos adictos a las formas
i los colores

con estos dedos te acaricio yo.

Esta canción

Esta canción no va a
cambiar el mundo
mas nace de lo más profundo,
ni siquiera es el reemplazo
de un beso
o testaferra del amor

tus ojos jamás verán tu ser
como lo veo yo

estos versos serán mudos
sino llegan a tí
por tí soy poeta
por tí esta canción

esta canción no será nada
sino la escuchas tú
tú éres su melodía
su razón de ser

Coro:
esta canción no va a
cambiar el mundo
ay! pero si te cambiará a tí
se desataría ese remolino interno
ese amanecer eterno
esa sonrisa sinfín

esta canción no va a
cambiar el mundo
no es ni siquiera impostora de
una caricia o camuflaje de dolor

Coro:
esta canción no va a
cambiar el mundo
ay! pero si te cambiará a tí
se desataría ese remolino interno
ese amanecer eterno
esa sonrisa sinfín

Dolor

El silencio tan preciado
se manchó de ruido

i el lienzo que prometía
una obra de arte
es sólo una tela profanada

el beso de mis labios
es sólo una herida abierta

la mañana no trae
la magia del nuevo día
es un ayer repetido
una masa de tiempo
que me agolpa

mi risa es sólo
una contracción muscular
i mi mirada húmeda
no distingue las formas ni los colores

El grito amorfo
que se extiende
invasor mercenario
ensordece mis sentidos

mis manos secas,
sedientas de tu piel
sólo prolongan el dolor
la imposibilidad de lo ocurrido

Dónde

Dónde esta el ayer?
dónde el beso que te dí?

a dónde se fueron
las promesas de tu amor
qué paso con nuestro
primer abrazo?

dónde estarán las mariposas
que aletearon en tu vientre?

a dónde irán las calles
que juntos caminamos?

Cuántos, ay cuántos...

En este silencio que rompe la lluvia con mi mirada fija en el frío

Oh, niña de mis días
racimo de risas

Cuántos días,
antes pasaron
en que caminos falsos
gaste mis pasos

de que minutos vacíos
hiciste tu tiempo

Cuántas manos
busque i tuve
i no amasaron el pan
ni cosecharon mi risa

Cuántos ojos tuviste
i no te miraron

Cuántos mares i océanos
cuántos muros i murallas

Oh, cuántos silencios
nos separaban

Cuántas distancias
cuántas calles me negaban
tu presencia
cuántas noches,
ay cuántas
hasta que llegaste a mis besos

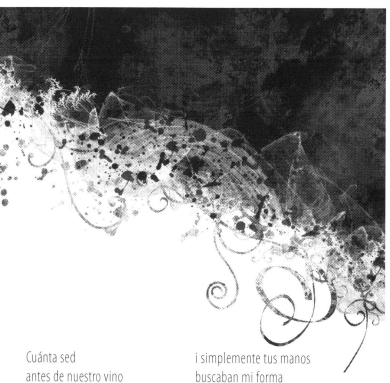

Cuánta sed
antes de nuestro vino
tantas puertas abrí
sin encontrarte

Cuántas palabras inventé
para llamarte
i tus pies simplemente
venían a los mios

de cuántos árboles
probamos fruto
sin deleitarnos
que semilla planté
en el desierto

i simplemente tus manos
buscaban mi forma
para germinar juntos

Cuántas horas urdí
con mi soledad
i tú sólo me esperabas

Cuántos besos,
ay, cuántos
para descubrir que tus labios
siempre han sido míos.

Estiro mis manos

Estiro mis manos
disparo mis dedos
para trenzarlos con los tuyos
mis ojos con tu imagen imborrable
hoy no te miran
pero te siguen viendo

i este viento besado
obediente a mi veleta
tiene solo un rumbo

Mi ser náufrago
busca tus playas, tus muelles
mis pensamientos
se anclan en tu corazón de puerto
mi voz cabalgando
en un grito te llama

De pronto mis palabras
se hacen alas i vuelan
a posarse en tu campanario
vistiéndote de besos

Solitaria es la luna en la noche

Pero yo aquí te tengo
grabada en mis labios
i mis sienes

Fuí tuyo, fuiste mía

Hacia donde vaya
llevaré tu mirada
fuí tuyo, fuiste mía

tu ausencia
estará presente
el resto de mis días

antes de tí
todo era ajeno
después de tí
no tengo nada

no sólo te fuiste
sino que te llevaste
tu amor contigo

Fuí tuyo, fuiste mía
te llevaste todo
menos mi alegría
de haberte amado

Hacia donde vaya
llevaré tu mirada

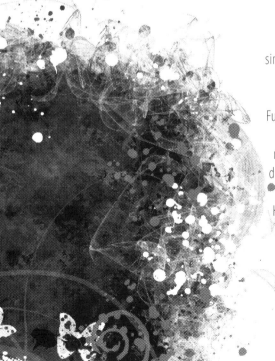

Guardaré silencio

Guardaré silencio
cerraré mis ojos
para ver la luz
dejaré las pretensiones
no habrá razones
ni mucho menos discusiones
los odios no serán de mi rutina
calmaré mis angustias
volveré a mi mismo
me recogeré
i allí viviré por siempre

Ha salido el Sol

Volverá a salir el sol
pintando nuevamente
todas las formas

el corazón continuará
bombeando sangre
obediente a su rutina

el espejo mostrará
el mismo rostro
que empieza a
delatar todas las
mañanas acumuladas
el telón de la noche
se va corriendo

i las cosas
se van despertando,
mentirosas como
si no hubiera
pasado nada

los relojes tiranos
gritan su victoria temprana
como siempre
ejerciendo su dictadura

los sueños se esconden
como gatos asustados
hullendo de la luz

ha salido el sol

29

Ha pasado todo el tiempo

Ha pasado todo el tiempo
i sin embargo tu éras esa lluvia
que empapaba mi cuerpo

ha pasado todo el tiempo
pero aún recuerdo lo que fuí
antes de tus ojos

recuerdo aún
las hojas que morían al caer,
el cielo gris, la noche larga,
la casa oscura,
ese camino baldío sin razones

Ha pasado el tiempo
i tu figura se erige
como una esfinge en ese
valle desierto

En un principio no te ví,
sólo escuchaba el caer de la lluvia
no hice otra cosa que preguntarme
de dónde viene esa luz?

Entonces te llamé día,
de pronto confundido
atado al viento

ví como una flor
como una gota
me besaba
como un pétalo me abrazaba
i me dije...

Ha pasado todo el tiempo?

Sin embargo un eco inmenso
me nombró tu nombre
i confundido aún
sumergido en ese sueño
me ví rodeado en la tierra
sin fronteras

abrazado de una risa nueva, infinita
en un amanecer que se repite
cantando sílabas secretas
danzando alegrías

i mi boca se junto con la tuya
entonces modele tu pecho,
tus piernas, tu cuerpo
con un beso de arcilla

i no me importó
que hubiera pasado el tiempo

Fueron los sueños
de anoche los que
me mantuvieron despierto
fueron los sueños
de anoche
los que prolongaron
mi insomnio crónico

Esos sueños
en los que pinte de rojo
la línea ecuatorial
i pinte de azul cobalto
la esquina superior izquierda
del cielo infinito

En los que mis ojos
fotografiaron el hambre
del mundo
esos sueños
en los que la torrencial lluvia
mojó mi corazón
como un llanto de niño huérfano

En mi sueño continuo,
vi mis días sin noches,
como callejones largos
i oscuros a veces sin salida,
en los que dibuje amaneceres
brillantes con arpegios
de gallo cantor i olor a café

Insomnio

Sabiendo que el mundo giraba,
pero para mi estaba quieto
tan quieto como
la foto de mis viejos
sonriendo para siempre

Soñe que el mundo aún
con tanta basura
flotaba en el espacio infinito
espacio en el que habito
pero en el que a veces no caben
ni mis sueños ni mis locuras

Esos sueños en los que
el tiempo se derretía

como en los cuadros de Dalí
cruzando a veces
esa línea imperceptible
que divide a la noche del día
al sueño de la realidad
—o es que acaso
no son lo mismo—

Yo insomne i atrapado
en ese tiempo derretido
soñando eternamente,
mis ojos cerrados
viéndolo todo
en esta insomnia
que me mantiene dormido.

Inventando Caminos

Pisando calles
inventando caminos

Cuántos pasos habrán pisado
mis pasos?
Cuántas tardes habrán
en esta tarde?
Cuántos minutos
habrán de pasar
como este que pasa?

Consulto el reloj
-Kronos me tiraniza-
gentes pasan,
no veo a nadie, voy

La noche adolescente
seduce al sol
i yo te pienso
"archipiélago de risas i besos"

no hay momento
en que no te pienso
"arrullo, rima de abrazos"

Pisando calles
inventando caminos

i este no es un poema
ni siquiera es un verso
ni siquiera una canción
ni siquiera una calle
larga en donde paso

No es la memoria
ni siquiera el recuerdo
ni siquiera un beso

Es sólo lo que siento
es mi locura
es lo que tengo para darte
mientras piso calles
invento caminos
i yo te pienso

_inventemos un camino
para pensarnos siempre_

Mañana

Mañana sólo será un ayer nuevo

los días serán más largos
i tus pasos más cortos

aprenderás a ver más con el corazón
que con tus ojos

te familirizarás con ese rostro
de arrugas,
i recordarás tu niñez
como si fuera la historia de otro ser

i sin embargo, nada habrá cambiado.

Me voy pero me quedo

Me voy
pero me quedo
voy, para quedarme
i yendo me quedo

Me voy,
i te llevo conmigo
por lo tanto
ní me quedo, ní me voy
sólo i simplemente
estoy contigo
siempre

No es mi boca

no es mi silencio
niebla turbia
ni socavones oscuros
mis rincones íntimos

mi voz
te nombra
i mi silencio por grande que sea
habita tu alma
i mi palabra no sólo es de vino,
aceite, agua
sino de fogosa fecundidad
que germina en tí

No es mi boca
manantial amargo
ní mi voz
eco del trueno
no son mis manos
grilletes de las tuyas
ni mis ríos
caudales venenosos
no son mis sueños
pesadillas
ní mi palabra humo

Porque para mí eres
como el agua al mar
como el labio al beso
como la luna a la noche
como el estambre a la flor
como el vuelo al ave

Pero no te hallo

He buscado en las raíces
de los árboles,
hasta en su savia mágica
que hace frutos
los versos
con los que quiero coronarte
pero no los hallo

En mis horas tristes
de fugaces rencores
como animal herido
te busco
pero no te hallo

En estas noches sin sueño
i ansiosos amaneceres
en estas noches huérfanas
de estrellas
busco mi luna, mi quimera
pero no la hallo

En encabritados vientos
i arpegios luminosos
lanzo mis ojos
pero no te hallan

En estas noches solas, insípidas
como días tontos sin sol
me revisto de recuerdos
para hallarte intacta
recorriendo descalza mi sombra

En estas noches
de ojos abiertos
i libros cerrados
abro mis brazos,
cierro mis sienes
pero no te hallo
no te hallo

Ven pronto,
adorna mis silencios
con los tuyos,
mis noches con tus noches
para hallarnos en este sueño
que soñamos

Pero si faltas tú?

Besando tus besos sentado en mis recuerdos

Chiquita
en mis horas sin tí
invento pétalos gigantes
máquinas aceleradoras
del tiempo
i con mi alquimia literaria
te inventó versos para dibujarte
tejo palabras, vocales
para surcirte a mí
descubro mil formas
para tenerte
construyo mil caminos
para encontrarte
hasta multiplico mis manos
para acariciarte
siembro flores eternas
para tí, mi abeja estival
para embriagarnos con tu miel
i mi polen se monta en el viento
i en la luz que te toca
para germinarte
para inventar otra vez la vida

yo soy el que pinta de verde
los olivos, las acacias,
los urapanes, las espinacas
i tus ojos

soy desertor de bibliotecas
el verdugo de la letra muerta
yo soy la palabra viva
la palabra que no es palabra
sino canto i fiesta para celebrarte
mi niña
la palabra beso,
la palabra amapola,
la palabra demencia

soy el pájaro
que invento el vuelo
i el astrónomo
que bautizó las estrellas
yo descubrí los colores
con tu mirada
i tu risa me hizo nacer

Pero si faltas tú?
que seré si faltas tú?

Piel de Porcelana

Con el rocio de la mañana aún
en tu piel de porcelana
yo veía las formas reflejadas
en cada gota que te cubría
con los pincelazos
mágicos de la luz,
en cada gota
que iba bebiendo
en el recorrido fascinante
de tu anatomía
bebía aquellos colores,
aquellas formas
que se desprendían
de los objetos

mi sed insaciable
sólo encontraba
en cada gota
una razón más
para perpetuarse

i en la cumbre de tus pirámides
no eran gotas sino lagos
i yo nade, me sumergí,
me embriagué en ellos
i fue allí precisamente
donde descubrí
el peso atómico de mis besos
i comprendí la danza cuántica
de los electrones
cuando bebí el azul infinito
del firmamento
reflejado en esas gotas
que adornaban
tu piel de porcelana

las bebí todas,
una por una, todas
hasta dejarte
completamente desnuda
con tu piel de porcelana

Con ese olor de libro viejo
se abren nuevamente
como viudas enamoradas
se abren nuevamnete
mis rimas i mis versos

que en su ausencia vivieron en mí
como esos albumes de fotos
que nunca se miran

Regresan como hijos ingratos
que siempre querremos

para llenar libros
que decorarán salas
o contagiarán de insomnio
al lector desprevenido

Regresan

Vuelven como
mariposas migratorias
a posarse en papeles blancos
i virgenes
para ser leídas
por curiosos insomnes,
novias desveladas

Resucitan como un
fantasma olvidado
con sus ansias de materia eterna

Puerta

Que secretos guarda
que vida esconde ̄
cuántos mundos encierra
cuántos minutos íntimos,
cuántos secretos

alguna noche de amor,
un asesinato
alguna defloración, un poema
alguna conspiración,
un amante en anonimato

habita detrás de tí
algún fantasma?
que vida se vive al otro lado?
la vida vana
de un buen ciudadano...
los días mezquinos
de un político...

i las ánimas te atraviesan
sin abrirte

cuantas despedidas sin regreso
cuantas bienvenidas atestigüas
cuantos amaneceres postergados
cuantos fugitivos albergas?

la cita clandestina
de dos adolescentes
en el prefácio húmedo
de una historia de amor

las horas lentas
de las tardes tenues
de una viuda fiel
los vicios repetidos
de una abuela
sublime i perfecta

que misterios encierras
que silencios enormes callas,
que silencio hermético,
disfrazando las palabras
que se dijeron

que historias
atrapadas guardas
a que huelen
los rincones fríos
que encierras?
a la sazón suculenta,
el olor a ajo,
la receta secreta de familia
a la frescura de un niño
a lo rancio de los años
a la humedad del olvido?

que ritos se practican
en tu interior
que mentiras
han sustentado
las verdades
cuántos relojes
habitan tu tiempo
cuántos minutos insípidos
tejiendo la eternidad

en tu interior
los espejos eternos,
que no reconocen las caras
que se miran en la alborada
los baúles que guardan
sueños ya vividos
los cuadros en las paredes
testigos de la infamia del reloj

el eco sordo de lo que fué
la lágrima triste
de lo que nunca paso

cuántas historias encierras
cuántas se frustraron
en tu silencio

Oh puerta,
misteriosa, enigmática
tan abierta i amiga
tan hermética i cerrada

Romperé el dolor

Romperé el dolor
abriré la ventana oscura
dejaré los cementerios
i los lirios podridos
seguirán adornando eternamente
los días del ayer

Usaré mis lágrimas
para rociar mi jardín
mis besos, sin dueña ya
aletearan en la mañana,
se posarán en los pentagramas,
en los campanarios,
en las copas de los árboles, libres.

Silencio

Oh silencio
refugio plácido en horas de ira
i de dolor
tortura en momentos de soledad
querido compañero
después de la tormenta

Silencio, ensordecedor
ausencia ausente
saber que estás allí
i no poder escucharte

Silencio
donde te escondes
de que sonidos extraños
te disfrazas
que dicen tus voces
cuándo logro escucharte?

Oh silencio
lienzo virgen,
donde todo será pintado
nada antes de todo
todo en potencia
todo después de todo

Ni el ruido más fuerte
ni el grito más desgarrador
logran imponerse, prevaleces

Tan díficil es escucharte
i siempre estás allí

Oh silencio
puerta al infinito
al final todo será silencio
como al principio

Entonces para que tanta bulla?

Son tus ojos mi albergue

Son tus ojos mi albergue
i tus manos mis caricias
mis amaneceres lejanos
son como aquellos
libros cerrados

mis versos huérfanos de rimas
son hijos de mi risa i tus sueños

estas palabras son sólo dibujos
que te pinto con la música
del idioma
i el color de las vocales

no descifran nada
no pretenden nada
sólo salen de mí para alegrarte

porque son
tu piel i tu calor mi poesía
mi verbo son tus pechos
i tus sienes
son tu vientre i tus pasos
mi lenguaje
i mis palabras i silencios
mi equipaje
son tus ojos mi albergue,
mi destino i mi paisaje

Soy

Asfixiado
por la cotidianeidad
de lo absurdo,
donde es más importante
la cuenta del télefono,
que hablar con las estrellas

Ensimismado
en el quehacer diario
sin hacer nada
apresurado por tener i llegar
como un espermatozoide
de una eyaculación prematura

Buscando en el refugio de la noche
esos minutos lentos
i salirme por la puerta de atrás
como adolescente a escondidas,
a encontrar mis mundos

Veo al salir
las máscaras que otros
ven en mi rostro
i me rio
no sé si de miedo o libertad

Soy lo que la gente ve de mí?
soy la imagen del espejo?
o soy el soñador delirante
que no duerme?

Te entrego mis manos

Hoy te entrego
mis manos
para que te acaricien
o te tomen de tus manos

te doy mis manos
para que toques el mundo
i siembres con ellas
nuestra semilla

tómalas,
para que sin una sola palabra
te cuenten lo que yo te adoro

ten mis manos
i esculpe con ellas
un paraíso nuevo
escribe con ellas
esa palabra que no existe
i que los dos sabemos

Te herí

Te herí
para siempre
con mi ráfaga certera

Solo escuché
tu grito eterno

i supé de tus sueños
i tus pesadillas

i en el momento sublime,
en la cúspide
de nuestros cuerpos
nos tocamos el alma

Mis guerreros
húmedos y valientes
se tomaron
tus rincones secretos
proclamando la victoria

La victoria de nuestro idilio
El triunfo de nuestros seres
sobre el tiempo rutinario

Te herí para siempre
con mi amor inmenso.

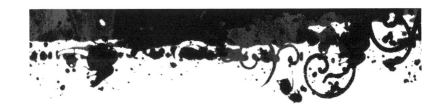

Testigo

He sido testigo del triunfo del arte sobre la milicia,
de la trascendencia de un beso sobre una bala
de la poesía curando, mientras el cirujano se avala
i el funcionario satisface su avaricia

He visto abogados robándole al ladrón
he visto botar comida para subirle el precio
mientras niños secos con ojos desérticos
son víctimas del mercado i el desprecio
i avaros sin corazón

He visto a mis hermanos matarse unos a otros
por ordenes superiores, con intereses inferiores

Pero creo en la virtud humana
en la esencia del ser
en un mejor mañana
i en la risa ingenua de mi hijo al amanecer

Todos los amantes

Mis labios, lo dijeron todo
cuando besaron los tuyos

mis manos esculpieron
la más bella figura
cuando recorrieron tu cuerpo

mis ojos, lo vieron todo
cuando se reflejaron en los tuyos

mi silencio se silenció
con el disparo íntimo i profundo
que te dí

entonces fuí todos los hombres,
entonces fuimos
todos los amantes
fuimos dueños del mundo
de todos los mundos
en un instante

tus cabellos poblaron mis sienes
tus caderas se apoderaron de mí

entonces fuiste todas las mujeres
entonces fuimos
todos los amantes
fuimos dueños del mundo
de todos los mundos
en un instante

i juntos brindamos
con la vendimia de tus uvas
el eclipse de nuestras historias
la fiesta de nuestros poros

entonces fuimos
todos los amantes
fuimos dueños del mundo
de todos los mundos
en un instante

Tu amor ya no es

Tu amor
no es más que una estrella
que en ciertas noches brilla

Tu amor
que ya no es
brilla en alguna noche sola
como cualquier estrella,
lejana, inexistente

Tu amor
ya no está hecho de besos
no está hecho de nada

Tu amor
eterno
no duro la eternidad
no mereció una noche más.

Tu amor
lleno de vacío
ya no tiene firmamento

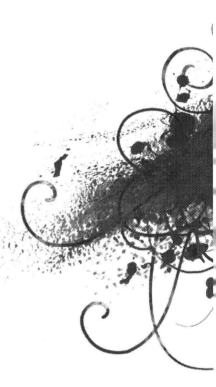

Tu sonrisa

tu sonrisa
salpica mis ojos
i mi mirada sonrie

he aprendido a verte
sin mirarte

Tunja

Era este mismo cielo
sin sus azules límites
el que miró tus primeros pasos,

era este suelo
el mismo que hoy piso
el que atestigüó tu llegada

era este silencio
aquel que rompiera
tu primer llanto
fuiste la semilla
que germinó
esta tierra
aquí entre estas calles
que te sirvieron de morada

i fueron los vientos de octubre
los que copiaron también
tu primera risa

fue la noble arcilla esculpiendo
tu diminuto ser, niña
fueron estas mismas
las horas de tu cosecha

i yo pregunto
sino fue desde entonces
que te supe
viendo tus ojos
en todos los ojos
oyendo tus sílabas
en todos
los sonidos

i es que fueron todos,
la tierra, el naranjo,
el follaje, el mar,
la sangre, la boca,
las hojas, los colores,
la miel, el aire,
la noche, el fruto,
las enraizadas raíces, la luna
i hasta la patria
las que vinieron
para convertirse en tí
aquí en este llugar
en que poblaste al mundo

Un día como cualquier otro

Después de un día
como cualquier otro
con sus rutinas repetidas,
i sus minutos tontos
que se fueron
sin dejar huella,
perdidos i sordos
en el mercenario trabajo
que me mata
para poder "vivir"

me siento aquí
en el portal de la noche
mirando estrellas rutinarias
i rutilantes (pero evocadoras)
a pescar versos
a hilar pensamientos
quizá para justificar el insomnio
para habitar el tiempo
de mis sueños esquivos

me despojo de la etiqueta
del ciudadano
para visitarme i conversar
sin mística, como huérfano
sin miedo a los relojes
i sin remedio
a esa amnesia
que no me deja
recordar el futuro

Entonces me lo invento i vivo

Para luego amanecer en un día
como cualquier otro
con sus rutinas repetidas
Es como vivir algo ya vivido,
es como el pasado

Bella la noche
en la que vivo mi vida

Una Margarita

Siento el dolor de mis huesos
como presagio de mordida de gusano inexorable
bajo la tierra húmeda, después de mis días

me sobrevivirá este poema
i alguién me llorará en mi ausencia

i solo aspiro
a que esa lágrima
irrigue la tierra
para que brote una margarita

Vendaval de sueños

Vendaval de sueños
festival de madreselvas
idioma de ojos,
de manos unidas
de cruces de fuego,
de gotas fugaces
en tí se descifra el día,
el horizonte,
el nácar del viento,
el azul del cielo

Chubasco de pétalos
hojarasca de amaneceres
rocio de ciruela loca
crépusculo temprano
jardín de risas

Racimo de labios,
alas, redes
lluvia repleta de
caricias silvestres
tu boca de uva
madura nuestro vino

i tu tiempo empapado
de infinitos
se ancla en mis sienes
en mis versos permanentes
para nombrarte siempre

Versos Esquivos

Hay días en que los versos
le son esquivos
i por más que deseé
hacer un poema
las rimas escasean
i las palabras no se encuentran
revoloteando como mariposas
coquetas, inalcanzables

mas él con su sueño continuo
logra unir la pluma i el papel
-dos elementos inertes-

entonces te hace
una corona de besos
tejidos con sus labios
i te cubre
con un manto de caricias
que brotan de sus manos

dejando en tu piel
no un poema
más la huella del poeta.

su tinta i su estilo
tatuando tu cuerpo i tu todo.

Vicio

Tengo el vicio de tus ojos
i la adicción a tu piel

tengo el vicio de inventarte
en noches largas

el vicio de pensar siempre en tí
de recordar esas tardes
en que fuimos felices

de llenar mi insomnio
con tequieros tuyos

tengo el vicio
de acompañar mi soledad
con tu presencia eterna

el vicio de quererte aquí
cuando tú no estás

el vicio de llenar mi silencio
con tu voz

el vicio de no olvidarte
de olvidarme de mí

Vienes

Vienes del agua
i de la tierra
tus transparentes ojos
me dibujan en el mar
i tu pequeña cintura
se tiende como cordillera
entre mis brazos

vienes de la luna
i del rocio
en tu vasto firmamento
habitan mis noches
i mis amaneceres
encuentran su razón
en tu sueño i en tus días

vienes de mis manos
destilando caricias
que como cristal te tomaron
para calmar mi sed

vienes de mi boca
propagando el amor
en nuestros besos

vienes del Sur
de donde yo vengo
de la guayaba, del café,
del muisca, del barro
para encontrarnos siempre

vienes de todas partes
de la memoria del mundo
de mi soledad vencida
del roble con que
tallo estos versos
vienes de mis palabras
i mis silencios

vienes como amapola
corriendo eterna
como golondrina
volando mi vuelo
vienes como un soneto
a deleitar mis oídos

vienes de todo,
todo lleva tu nombre
las plantas, los navíos,
los ríos, las montañas,
la hierba, el arco iris,
las flores silvestres
adoptan tu nombre,
solo cambias de forma
mi niña

vienes del Sur
de donde yo vengo
del centro del mundo
para encontrarnos siempre

Yo estaré allí

Recuérdame en cada color
en cada paso,
en cada risa

que yo estaré allí
de la mano
caminando en calles nuevas
o viejos caminos

Nuestros pies descalzos
no dejarán huella
al menos que recorran juntos
el mismo sendero

Si ves algo sin color
imaginatelo, que así llegaré
hasta tí para compartir esa alegría

Si ves una injusticia,
allí estaré contigo combatiendo
cómplices de un sueño
que quiere cosechar
risas i amores

Porque lo nuestro
esta hecho de razones i sin razones
de azares i certidumbres

porque nuestro amor
es virtud, esperanza
i compromiso.

Recuerdos

Cuando viene a mí
el recuerdo de tus ojos
de tus caderas
i tu encanto
Yo los hago poesía,
los rimo i canto

Vienen a mí tus tequieros
tus miradas
i tu aliento
Yo los hago míos
i los reinvento

No estás, es cierto
pero aquí te tengo.

-Nunca me cansaré de
adueñarme de tus poros
nunca acabare de colonizarlos
con un beso
i sinembargo te llamo mía-

Te inventé i te tuve

Entre flores
tus pétalos fuí pintando
tejiendo en las madejas
de los relojes
el tiempo
que nos uniera un día

Te he nombrado
en mi silencio
i en la distancia
te inventé i te tuve

Entre jardines
destile tu néctar,
embriagado
acumulando noches

elaboré un collar de estrellas
para tu pecho
i una corona de besos
para tus sienes

Hoy, entre sueños i caricias
voy sembrando mi semilla
en tu regazo
venciendo el tiempo
derrotando la distancia

I como soñador
i como hombre
me adueño de la vida
para quererte siempre.

En el centro de la vida

Ahora que estoy
en el centro de la vida
con mi corazón abierto
con los libros cerrados
ya no te busco incierto
entre océanos nocturnos
ni desiertas lunas

Ya no uso la máscara
de olvidado fantasma
ni vacías estan mis manos
ya mis ojos no ven
sin los tuyos

Mi silencio
lo rompió tu mirada verde
i aunque el frío llegue
a mis huesos i mis parpados
no se abran de nuevo
yo ya conocí tu risa

Quedaron atrás las hojas secas
los vientos se llevaron las
palabras que no se dijeron
i el tiempo se llevó los vientos
llenos de palabras y silencios
pero tú, perenne flor
con tus pétalos vencez
las neblinas, las noches heladas

Ahora cabalgamos juntos
entre la bruma del otoño, pero
siempre con pasos primaverales
dándole al tiempo una razón
con nuestros besos
dándole tiempo a la razón
con nuestros sueños.

Tiempo indócil

Tiempo indócil
cargado de humo
de ruido
de círculos compactos
que estallan en las sienes

arrebatando magnolias
acosando la ternura
pudriendo los vientos
que llevan esa corona de pétalos
que te envío

Tiempo, frío, enemigo impune
que acribilla otoños,
caracoles, rosas

terremoto incesante,
imponiendo el mandato
del desvelo, del puño cerrado
de los piñones aceitados

Tiempo, invisible rueda
lluvia enorme,
viaje sin rumbo,
estrella fugaz,
soneto perdido,
nido cruel de geografías
sin caminos
i caminantes sin zapatos

Tiempo, tejiendo lunas,
cerraduras, cables, esperas,
enrramada ininterrumpida
de pechos galopando,
de cabellos combatiendo
de campanarios rotos
i alas derrotadas.

Hé

Hé habitado
los espacios infinitos
del silencio
del silencio profundo,
de la ausencia absoluta

Hé tallado con besos certeros
a la venus en la quimera sideral
i en ese estallido de espermas,
poblé su cielo de estrellas
i sin necesidad de telescopio,
ni brújulas,
ni ecuaciones complicadas
conocí el universo.

Hé cavado tuneles eternos
en la cima de la noche
con la esperanza de contemplar
la luna para siempre

Con el insomnio como bandera,
he liberado batallas
i vencido molinos de viento
he recorrido mis propios mundos

Hé galopado
con mi séquito de centauros
i visitado otras galaxias
poniendo nombre
a ciudades futuras
i mis manos frágiles
han sembrado cebolla i girasoles

Hé guardado silencio,
pero mis ojos
gritan de alegría
con los verdes,
los fucsias,
los naranjas
i el negro

Los mismos colores
con los que he pintado
los planetas
i las líneas imaginarias
de las constelaciones
i los espacios infinitos
i los días que aun no llegan

No sientes, no oyes, no ves

No es acaso mi insomnio el que esculpe la noche en tu ventana cerrada?

Mi mirada
de fibras escenciales
golpeando en puertas
enormes i sordas buscándote,
entrando en desvelados secretos
en bodegas de versos
que dan gritos
i guardan silencio
como desesperados,
buscando tus labios

Mis sienes
en laureles sumergidas
mis pensamientos
en forma de alas
como páginas
de libro interminable
revolotean en tus ojos
de mariposa distante

No sientes mis manos sembrando
semillas en la tierra,
colocándolas en el viento,
en arco irises
compactos e indelebles
poblando palmo a palmo
tu territorio con tequieros,
desde el otro lado
de la nocturna noche
mi pecho
lanzándote diademas
de araucarias,
de lunas de cinco días
i brazos solitarios,
repletos de melodías?

No sientes
mi sueño buscándote?
mis oídos extrañando tu voz
gritan en las aceras,

en las esquinas húmedas,
mis caricias por redes
complicadas de interminables
cables te llaman

No oyes
mi silencio de río temblando
entre su cauce de botella,
acaso duermes victoriosa
en este paso de horas heridas,
de agujas implacables
atropellándome
como a un huérfano?

No oyes
el sonido de mis pasos
en las alfombras, las calles
los corredores interminables
en los ríos que llegan a tí
con los zapatos llenos de uvas?

No ves
mis sombras de libélula inquieta
acumulando fatigas
en este océano nocturno
ofreciéndote racimos besables
pétalos epidérmicos,
líquidos sustanciales, íntimos
llenos de rostros
que se confunden
con la lluvia?

No ves
como voy derribando
muros simétricos
con mi mano izquierda
que guarda caricias
para tus senos
i margaritas para tu pelo?

Expedición

Voy por tus calles
en volanda
por tus rincones
de piedra preciosa
i la luz atrapada
en tus cristalinos ojos
iluminan mi risa

voy vagando i divagando
por entre tus poros
soy un andinista
entre tus cordilleras
paisaje sin igual
horizonte de horizontes,
selva, llanuras,
valles, montañas,
zonas inexploradas

voy fundando ciudades
que lindan con tu vientre
i tus sienes
tu mapa níveo,
blanco cabalgo

por cada poro abierto
un libro de poemas

soy un expedicionario
descubriendo
la vegetación de tu piel

cada poro es
un potencial de prosas
rimas, besos

tu humedad sofoca
mi silencio
i anclado
en tus brazos de puerto
festejo con vino
de mis labios
todo tu territorio
izo banderas en todos
tus puntos cardinales

bebo de tus profundos ríos
i diviso el horizonte que parte
mágicamente tu planeta
tu línea ecuatorial te divide
en bellos hemisférios

soy el Galileo de tu orbe
el Colón de tus continentes

Nuestro navío

Aún eran tus ojos
los que repetían mis versos
i acaso no eran tus besos
mi tesoro
i tu cuerpo con el mío
esa nave en que volamos

tus brazos dos enormes remos
que impulsaban nuestro navío

i fue tu propia boca
esa ola que ahondara mi corazón
tú eras también esa vela
que alimentada de viento
nos conducía

i todo fue tormenta i calma
invierno i primavera
i escalando en un beso
hasta nuestras alturas invencibles
pudimos divisar esa
pequeña enorme isla
que poblamos sin palabras
sin más argumentos
que nosotros mismos

tus uñas cavaron
nuestros propios pechos
unidos a esa nueva tierra
i entonces fuí sembrando
en cada poro una amapola,
un girasol, un eucalipto
e hice llover
en ese hermoso jardín
mis besos, mis caricias

i mi piel se derritió en la tuya
convirtiéndose en alas,
risas, danzas, gaviotas locas
aleteando en tí

i fueron tus manos i las mías
capitanes de nuestra nave
i mis sueños contigo
esa estrella que nos guiaba
i sin pasaportes, ni telescopios
llegamos a nuestro territorio.

Espejo

En el espejo veo mis ojos
que me miran
i en ellos esa mirada vacía
en el estrídente silencio
de mi ser

confundido
entre la masa inerte
de los ciudadanos obedientes
sobreviviendo
a la hipnosis colectiva
revuelto entre el tumulto
de los autómatas consumistas

empujado
por la muchedumbre
que camina
sin saber a donde va
hipnotizados por comerciales
hambrientos de
cosas innecesarias
afanados por tener

En el espejo
se me presenta la realidad
soy uno de ellos,
mi piel se ha vuelto
como la de ellos,
mis emociones
obedecen al frenesí
del consumo,
mi ego se incha
al usar la tarjeta de crédito,
mi vestier esta lleno
de zapatos vacíos sin caminos
i corbatas inútiles

i soy medido por los objetos
que habitan mi casa
i las marcas son mantras
que todos repetimos

he sido infectado
con el virus mortal
del apego,
de los falsos valores
de la apariencia
soy un autómata consumista

Farsa

Estuve enredado en la
estupidez del mundo
Vencido en la batalla
de lo cotidiano
Absurdamente triste
en la farsa del "yo tengo"

No fue ése el sueño querido
ni la medida de mi ser
el fatuo dinero

Fuí lo que viví i lo que no supé
Me puse corbata
i sonreí hipócritamente

Caí en la trampa i vendí mis días
a cambio de la renta i una sopa
cambie mis sueños
por la "seguridad"
i en la vanidad
empeñe mis anhelos
amordacé mi ser
por miedo al "que dirán"

I ví en todos el mismo vacío

Aprendí que callar ensordece
que el silencio es un discurso
constante que nadie escucha

Desde púlpitos extravagantes
i sillas gigantes
me han querido partir en dos
a veces divino
i otras mundano
me han dicho miles de verdades
todas distintas i contradictorias
mucho cuento, muchas historias

Aprendí que los sacerdotes
disfrutan de muchas dotes
El pecado i el arrepentimiento
dan muy buen rendimiento

Los pastores me venden el cielo
a cambio del diezmo dominical
como comprando a crédito
mi fosa en cementerio elegante

I en la farsa del mundo
dejé la escafandra, los perfumes,
los sentidos, los relojes perfectos,
las mañanas kafkianas

Regocíjate

Regocíjate,
con el germen fugaz
del tiempo que se va yendo

regocíjate,
por el sol que és,
i a veces no és
o mejor, que esta al otro lado
-que es lo mismo-
o que de noche
se disfraza de luna
i es que sólo hay una,
una noche como un día
que sin una
no hay otro

Regocíjate,
que hay una, sólo una,
una tierra que rota
i rota por los hombres
o por el hambre
-que es lo mismo-
sigue rotando
para que haya medios días
i días enteros
media noches
i noches completas

regocíjate,
sé felíz
sin importarte
si la felicidad existe
sé libre
sin tener que apresar la libertad
canta, que el que calla no aguanta
i el que aguante
es por que no ve adelante
i si no ve adelante no ve atrás
canta y verás,
de veras, mira y cantarás

regocíjate,
habla, grita
que tu voz no és
para que te escuchen
sino para que te escuches
i tus ojos nada verán
sino te ves,
ves, todo es al revés o al derecho
-que es lo mismo-
que importa,
si tu ves con tus ojos
i yo con los míos
i las cosas son como son
no como deben ser

i hay estamos tu i yo
para hacer de las cosas
lo que son o deben ser
-que es lo mismo-

regocíjate,
porque aún no pagas
el aire que respiras
ni te cobran una mirada al cielo
ni tus sueños vienen en video
ni aún la risa la venden enlatada
ni la lluvia la echan con gotero

regocíjate,
porque a pesar
de los abogados
muchos no mueren ahogados
a pesar de los contabilistas
aún quedamos pocos sin ser
embargados
porque a pesar de los analistas
aún somos muchos
los no analizados
porque a pesar de los militares
no a todos han tortutado
i a pesar de la "justicia"
aún andamos por la calle

regocíjate,
porque a pesar
de los decretos
aún hay cartas de amor
i versos secretos

regocíjate,
que al llorar
sabes la tristeza
i al saber la tristeza
sabrás la alegría
i al llorar,
reirás i ríes
como el primer día
que reías i llorabas
sin saber ó sin querer
saber i querer
eso es conciencia
con ó sin ciencia
-que es lo mismo-

regocíjate,
porque a pesar de la vida
existe la muerte,
eso es cuestión de suerte
sé i siendo lo que quieres
siempre sabrás ser lo que eres

En el principio

I en el principio
era la nada
i en la nada
tu i yo
i todos i todo
desde entonces siendo
i somos ahora i siempre

I en el principio
era todo
i en el era el río hecho agua
i el agua hecha río

I la máquina hacedora de flores,
florecía
i los mágicos pintores
colocando colores
inventaron el arco iris,
los girasoles amarillos
i la palabra fantasía
en tanto la ausencia
se hacía presente
proclamando la existencia

I sin dioses aún
la vida se hacía verdura
hierro, día, pupila equinoccial,
ojos, rocio, labios,
amanecer eterno

I la uva
siempre fue uva
i vino el vino
i en su magia
la celebración de la nada
de la vida

I en el principio
el principio fue final
para ser siempre principio

Entonces el silencio
proclamó su grito eterno
i la música como
libélula dorada
aletea desde entonces
incesante i pasajera

I el tiempo pudo pues
cumplir su función
ese túnel donde
lo manifiesto fluye
i se diluye
inexorablemente

I en el principio
era lo que es i será
i los hacedores de poemas
inventaron la noche,
las rimas i la risa
i con ella la conciencia

I en el principio
era la nada,
ese lienzo donde
todo ha sido,
es i será pintado

I el inventor de sueños
el gran soñador
soño el final
como el principio

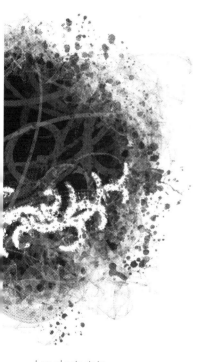

I en el principio
era calma i tormenta
i todo fue antes i ahora

I en el principio
era la nada
i en la nada
tu i yo

Contenido

Nació el 5 de Diciembre de 1,959 en el preámbulo de los sesenta a "2,600 metros más cerca del cielo" como bien dice el lema de la bella Santa Fé de Bogotá, Colombia.

Creció entre la sencillez, sabiduría y elocuencia de su padre, y el cuidado, las manos tiernas y la paciencia de su madre. Entre la fantasía y la complicidad de sus hermanos Mario y Adriana.

oscar negret

Desde chico fué mágicamente hipnotizado por los colores y las formas. Sus primeras armas fueron los lápices de colores y las acuarelas con las que pintó su infancia.

Cuando dejó esos días tempranos descubrió la autodeterminación y quízo cambiar al mundo, entonces se dejó crecer el cabello que cubría sus oidos mientras escuchaba Los Beatles, Serrat, Pink Floyd y Silvio. Se desveló con Nietzche y Spinoza entre otros, pero una noche Pablo Neruda lo rescató para siempre.

Estudió de manera casual pintura con amigos y maestros, y con su cómplice de sueños y hermano comenzaron un negocio de fotografía mientras estudiaba administración de empresas en la Escuela de Administración de Negocios de donde se graduó en 1983.

Tres años más tarde en la ruleta impredecible que es la vida estaba viviendo en Seattle, Washington con su compañera de vida Jackie. Luego en Los Angeles, California estudia diseño gráfico en el Moorpark Community College y en Art Center College of Design en el '89.

Desde entonces ha trabajado como diseñador y director de arte. Actualmente es diseñador senior de la Universidad Internacional de la Florida. Mas que diseñador Oscar se define como artista visual con exposiciones que van desde Bogotá, Miami y Los Angeles. Oscar reside en Miami con su esposa Jackie y sus hijos Angelia y Sebastian.

En el tejido constante de esta historia, en esas fibras nocturnas que hilan a los dias, al igual que la pintura la poesía ha sido para Oscar esa alquimia que destila las emociones, los sentmientos, las expresiones que complementan al ser.

He aquí testimonio y testamento de esos momentos que Oscar ha esculpido con similis, metáforas, rimas y versos entre insomnio y otras lunas.

Créditos

Escrito por Oscar Negret. Diseñado, editado e ilustrado por Oscar Negret, con ilustraciones propias, de obsidian dawn y ©iStockphoto.com/aykuterdogan.

Gracias especiales a mi hermano Mario por tan bello prefacio, este libro no estuviera completo sin tus palabras y tu entusiasmo.